BEI GRIN MACHT SICH IHR WISSEN BEZAHLT

AF138408

- Wir veröffentlichen Ihre Hausarbeit,
  Bachelor- und Masterarbeit

- Ihr eigenes eBook und Buch -
  weltweit in allen wichtigen Shops

- Verdienen Sie an jedem Verkauf

Jetzt bei www.GRIN.com hochladen und kostenlos publizieren

Digitale Geschäftsprozesse in einem Logistikunternehmen

Saskia Burow

Bibliografische Information der Deutschen Nationalbibliothek:

Die Deutsche Nationalbibliothek verzeichnet diese Publikation in der Deutschen Nationalbibliografie; detaillierte bibliografische Daten sind im Internet über http://dnb.d-nb.de abrufbar.

ISBN: 9783346623584
Dieses Buch ist auch als E-Book erhältlich.

Druck und Bindung: Books on Demand GmbH, Norderstedt Germany
Gedruckt auf säurefreiem Papier aus verantwortungsvollen Quellen

Das Buch bei GRIN: https://www.grin.com/document/1187682

Einsendeaufgabe

Alternative A

Studiengang:	Digital Management & Transformation M.Sc.
Modul: Name d.	Digitale Prozesse (MDIPROZ)
Studierenden: I:	Saskia Burow
Eingereicht am:	18.01.2022

Inhaltsverzeichnis

Abkürzungsverzeichnis

z.B.	zum Beispiel
z.Dt	zu Deutsch
bspw.	beispielsweise
ca.	circa
etc.	et cetera
k.A.	keine Angabe(n)
ff.	fortfolgende
GPM	Geschäftsprozessmanagement
CPO	Chief Process Officer

Tabellenverzeichnis

I. Aufgabe 1

Die rasant fortschreitende Digitalisierung fordert über alle Branchen und Bereiche hinweg eine intensive Auseinandersetzung mit der Thematik, um die Chancen und Herausforderungen der Digitalisierung rechtzeitig erkennen und im Sinne der Zukunftssicherheit und Wettbewerbsfähigkeit des Unternehmens nutzen zu können. "Die Digitalisierung hat unsere Prozesse einschneidend verändert. Kaum ein Prozess ist heute nicht IT-unterstützt."[1]

Zur besseren Einordnung in den Gesamtkontext sei zunächst definiert, was unter einem Prozess zu verstehen ist:

Bei einem Prozess handelt es sich um eine "inhaltlich, abgeschlossene, zeitliche und sachlogische Folge von Aktivitäten, die zur Bearbeitung eines betriebswirtschaftlich relevanten Objekts notwendig sind."[2] Hierfür wird aus einem definierten Input, wie z.B. Maschinen, Rohstoffe und Arbeitsleistung, ein definiertes Output in Form eines Produktes oder einer Dienstleistung erzeugt.[3] Prozesse nehmen in Unternehmen eine tragende Rolle in Bezug auf die direkte Wertschöpfung ein.[4]

Spricht man von digitalen Prozessen, so unterscheidet man im Allgemeinen zwischen diesen Betrachtungsweisen[5]:

Digitale Geschäftsmodelle

Es gibt digitale Prozesse, die im Zuge von digitalen Geschäftsmodellen ablaufen. Diese basieren auf der Digitalisierung (z.B. Online-Shops).

Traditionelle (analoge) Geschäftsmodelle

Zudem gibt es digitale Prozesse, die im Rahmen bekannter analoger Geschäftsmodelle verlaufen. Diese wären auch ohne die Digitalisierung existent, unterliegen aufgrund der neuen technologischen Möglichkeiten einer grundlegenden Veränderung.

Werden also einst analoge Informationen und Daten mithilfe des Einsatzes von Informations- und Kommunikationstechnologien digital verfügbar gemacht und/oder vormals analoge Arbeitsschritte elektronisch ausgeführt, spricht man von der Digitalisierung von Prozessen.[6]

Wichtig ist im Allgemeinen zu betonen, dass im Rahmen der Digitalisierung von Prozessen kein vollumfänglicher Wandel der bestehenden Abläufe und Muster erfolgt.

---

[1] Dreber, Müller (2021), S.7
[2] Dreber, Müller (2021), S.10
[3] Vgl. Becker, Mathas, Winkelmann (2009), S. 6
[4] Vgl. Dreber, Müller (2021), S.41
[5] Vgl. Dreber, Müller (2021), S.9
[6] Vgl. Ensinger et. al (2016), S. 8

Die Möglichkeiten, mit denen sich Wertschöpfung erzielen lässt, werden lediglich ausgeweitet.[7]
Häufig sehen Unternehmen sich der Frage konfrontiert, welche Prozesse digitalisiert werden sollen.[8] Des Weiteren bedarf es einer Betrachtung dessen, welchen Digitalisierungsgrad ein Unternehmen benötigt, „um die Anschlussfähigkeit an die Kunden beizubehalten.[9] Appelfeller und Feldmann definieren hierzu vier Kategorien von Prozessdigitalisierungsgraden[10]:

1. Digitalisierte Prozesse
Bei digitalisierten Prozessen sind zum einen einzelne oder alle notwendigen Daten über eine Datenbank digital abrufbar und zum anderen werden einzelne oder alle Aktivitäten mithilfe IT-Unterstützung vollzogen. In beiden Fällen spricht man von einem volldigitalisierten Prozess, wenn alle Daten/Aktivitäten in digitaler Form vorliegen bzw. digital durchgeführt werden. Ein teildigitalisierter Prozess meint eine Zwischenform von analogem und volldigitalisiertem Prozess.[11]

2. Digital automatisierte Prozesse
Anders als bei digitalisierten Prozessen, bei denen IT-Systeme lediglich unterstützend eingesetzt werden, werden bei digital automatisierten Prozessen Aktivitäten selbstständig durch IT-Systeme durchgeführt. Das bedeutet ohne den Eingriff von Menschen, was wiederum dazu führt, dass die Kapazitäten der Mitarbeiter an anderer Stelle sinnvoll und wertschöpfend eingesetzt werden können. Analog den digitalisierten Prozessen wird in vollautomatisierte und teilautomatisierte Prozesse unterschieden.

3. Digital integrierte Prozesse
Die digitale Integration meint die Art der unterstützenden IT-Systeme, bei der eine teilweise Digitalisierung der Prozessschritte vorausgesetzt wird. Wenn alle Prozessaktivitäten mittels einem einheitlichen IT-System mit zentraler Datenbank automatisiert durchgeführt oder unterstützt, bezeichnet man dies als voll integrierten digitalen Prozess. Anders ist es bei einem teilintegrierten digitalen Prozess. Hier werden die Prozessaktivitäten nur teilweise durch IT unterstützt oder die verschiedenen IT-Systeme besitzen keine Schnittstellen zur entsprechenden Datenübertragung.[12] „In

[7] Vgl. Buchholz et. al (2017), S. 7
[8] Vgl. Dreber, Müller (2021), S. 43
[9] Vgl. Prasse et. al (2016), S. 13
[10] Vgl. Appelfeller, Feldmann (2018), S. 20ff.
[11] Vgl. Dreber, Müller (2021), S. 43
[12] Vgl. Dreber, Müller (2021), S. 44

diesem Fall muss der Mensch die Daten manuell von einem System in das andere übertragen."[13]

4. Digital selbststeuernder (vernetzter) Prozess

An dieser Stelle beginnt die neue digitale Transformation, bei der es nicht mehr nur um die IT-seitige Unterstützung eines Prozesses geht. Bei dieser Art eines digitalen Prozesses nimmt der Mensch die Position der überwachenden Instanz ein, da alle Objekte (z.B. digitalisierte Produkte, Maschinenanlagen, Mitarbeiter) mittels Vernetzung über das IT-System miteinander kommunizieren und bspw. die Fertigung autonom steuern.[14]

Aus diesen Prozessdigitalisierungsarten lassen sich mitunter folgende Unterschiede zwischen analogen und digitalen Prozessen herausarbeiten und ableiten:

Analoge Prozesse benötigen eine menschliche Aktion, was bedeutet, dass die Qualität des Outputs individuell von den handelnden Individuen abhängig ist. Besonders von Bedeutung ist hierbei das Wissen des Ausführenden, welches er im Idealfall eigenständig abrufen kann.

Bei digitalen Prozessen ermöglichen Algorithmen die Erzielung des bestmöglichen und qualitativ gleichbleibenden Outputs durch Standardisierung. Besonders von Bedeutung ist hierbei die entsprechende technische Ausstattung, bspw. Computer, (W)LAN-Zugriff etc.

Übergaben z.B. von Papierdokumenten erfolgen bei analogen Prozessen manuell und meist zeitverzögert, vor allem wenn längere physische Distanzen vorliegen. Zudem wird diese analoge Übergabe nicht automatisch dokumentiert, sodass hohes Fehlerpotential in der Nachvollziehbarkeit besteht.

Anders ist es bei digitalen Prozessen, bei denen Übergaben von Informationen digital und ortsunabhängig erfolgen können. Außerdem besteht die Möglichkeit diese Informationen über entsprechende IT-Systeme mehreren Personen gleichzeitig ohne Zeitverzögerung zugänglich zu machen.[15]

Da es heutzutage kaum noch eine Branche gibt, die sich dem Einflussbereich der Digitalisierung entziehen kann[16], ist es für Unternehmen unumgänglich die Strukturen und Prozesse auf Digitalisierungspotenzial zu untersuchen und digitale Kompetenzen aufzubauen. Diesen wird im Rahmen digitaler Prozesse eine besondere Bedeutung zugesprochen, denn "in einem solchen Umfeld liegt der Kern der Strategie nicht in der

---

[13] Appelfeller, Feldmann (2018), S. 22
[14] Vgl. Dreber, Müller (2021), S. 44
[15] Vgl. Dreber, Müller (2021), S. 30
[16] Vgl. Innolytics (k.A.)

Struktur der Produkte und Märkte eines Unternehmens, sondern in der Dynamik seines Verhaltens."[17]

Mitarbeiter müssen fähig sein bzw. dazu befähigt werden, an diesen rasanten Entwicklungen teilzunehmen und die notwendigen Kompetenzen auf- und auszubauen.[18]

Bei Kompetenzen geht es in erster Linie um die Fähigkeit der Bewerkstelligung von bestimmten Tätigkeiten innerhalb eines Handlungskontextes.[19]

Die Digitalisierung modifiziert diese geforderten Kompetenzprofile und der Bedarf an Digital Skills wächst. Digital Skills (z.Dt. Digitale Kompetenzen / Fähigkeiten) meinen die Anwendungskompetenz in Bezug auf digitale Technologien in allen Fachbereichen.[20]

Es kann in drei Dimensionen von Digital Skills unterschieden werden[21]:

- Digitale fachlich-technische Kompetenzen
- Digitale Businesskompetenzen
- Digitale Fitness

Verfügt ein Mitarbeiter über digitale fachlich-technische Kompetenzen, ist er sich aller digitalen Möglichkeiten seines Berufes bewusst und weist die notwendigen Fähigkeiten in Bezug auf die Nutzung, Geheimhaltung und Verarbeitung von Informationen sowie Daten auf.[22] Als Beispiel kann hier Verarbeitung von Kundendaten im CRM genannt werden. Mitarbeiter sollten dazu in der Lage sein, die für sie relevanten Informationen/Daten entsprechend aufzurufen und weiterzuverarbeiten. Stets unter Berücksichtigung der geltenden Datenschutzrichtlinien (z.B. für den Versand eines Newsletters). „Daten sind das Öl des 21. Jahrhunderts".[23] Jegliche Art von Entscheidung wird auf Basis von Daten getroffen, weshalb die Datenkompetenz eine tragende Rolle im Zeitalter der Digitalisierung spielt.[24]

„Die Ausprägung [der digitalen fachlich-technischen Kompetenzen] ist sehr an die jeweiligen Aufgaben der [Mitarbeiter] gebunden. Es ergeben sich nur wenige allgemeine digitale fachlich-technische Kompetenzen."[25]

---

[17] Becker, Kugeler, Rosemann (2012), S. 4.
[18] Vgl. IHK München und Oberbayern (k.A.)
[19] Vgl. Meifert (2013), S. 9f.
[20] Departement für Wirtschaft, Bildung und Forschung WBF (2017), S.7
[21] Vgl. Dreber, Müller (2021), S. 77
[22] Vgl. Deutsche Gesellschaft für Personalführung (2016), S. 10ff.
[23] IHK München und Oberbayern (k.A.)
[24] IHK München und Oberbayern (k.A.)
[25] Deutsche Gesellschaft für Personalführung (2016), S. 10

Digitale Businesskompetenzen wiederum finden für die gesamte Belegschaft Anwendung und sind nicht nur auf einzelne Abteilungen herunterzubrechen.[26] Verfügt ein Mitarbeiter über digitale Businesskompetenzen, kann er Informationen mithilfe von Technologien einholen und diese „der Unternehmenssituation [entsprechend] oder für konkrete operative Aufgaben nutzen und kompetent agieren."[27]

Digitale Businesskompetenzen lassen sich in vier Punkte unterteilen:

1. Eigenverantwortlichkeit

Mitarbeiter müssen den Fokus auf ein ausgeprägtes Selbstmanagement legen und mit beschleunigten Entscheidungsprozessen umgehen und diese umsetzen können. Außerdem bedarf es der Reflexion und Einschätzung dessen, welche Folgen das eigene Handeln hat.

2. Kommunikationsfähigkeit

Mitarbeiter sollten proaktiv an der Kommunikation teilhaben bzw. diese steuern. Dabei gilt es zu beachten, dass die Kommunikation durch Informations- und Kommunikationstechnologien an Geschwindigkeit gewinnt, weshalb mitunter das Benutzen mehrerer (neuer) Kanäle zur gleichen Zeit von Nöten wird. Mitarbeiter müssen also dazu in der Lage sein, die zur Verfügung stehenden Kommunikationskanäle (z.B. Microsoft Teams, E-Mail, interne Kommunikationsplattform etc.) zu nutzen. Die der pandemischen Situation geschuldeten Umstände machen eine Umstellung auf digitale Meetings unumgänglich, weshalb Mitarbeiter mit der Nutzung dieser digitalen Kanäle vertraut sein sollten. Verfügt das Unternehmen darüber hinaus über mehrere Programme, die nicht miteinander verknüpft sind, müssen Mitarbeiter wissen, über welche Kanäle welche Informationen zu finden und zu generieren sind.

3. Vernetzungskompetenz

Die Notwendigkeit der Vernetzung über zeitliche und räumliche Grenzen hinweg nimmt im Rahmen der Bildung von digitalen Kompetenzen zu und trägt unter anderem der schnellen Problemlösung durch Schaffung von Synergien bei.

4. Agilität

Die Mitarbeiter müssen sich schnell auf einen schnelllebigen Veränderungsprozess einstellen und eine ausgeprägte und nicht endende Lernbereitschaft vorweisen können, um sich schnell auf neue Situationen einstellen zu können.[28] Als Beispiel sei hier

---

[26] Vgl. Deutsche Gesellschaft für Personalführung (2016), S. 12
[27] Deutsche Gesellschaft für Personalführung (2016), S. 13
[28] Deutsche Gesellschaft für Personalführung (2016), S. 13f.

folgendes genannt: Ein Dokument, welches zuvor nur analog existierte, wird nun als digital beschreibbare PDF-Datei zur Verfügung gestellt, die z.B. digital unterzeichnet werden muss. Mitarbeiter sollten die Bereitschaft aufweisen, sich mit „dem Neuen" zu befassen. Andernfalls droht, dass sie Prozessabläufe zum Stillstand bringen, weil sie nicht wissen, wie man das digitale Dokument befüllt oder unterzeichnet.

Die digitale Fitness meint die Fähigkeit der Mitarbeiter sich auf neue Technologien und ihre Möglichkeiten einzulassen sowie das Entscheidungsvermögen darüber, wann welche Technologien notwendig und relevant sind. Mitarbeiter müssen sich der Herausforderungen der Digitalisierung sowie den rechtlichen Rahmenbedingungen, wie z.B. Datenschutz, IT-Sicherheit und Vertrags-, Haftungs- sowie IP-Recht, bewusst sein und in das operative Tagesgeschäft übersetzen können.[29]

II. Aufgabe 2

Unter einem Geschäftsprozess versteht sich ein Prozess, der „den obersten Zielen des Unternehmens dient und sich somit nach der Unternehmensstrategie richtet."[30]
Anders als bei Prozessen, wie sie in Aufgabe 1 definiert wurden, liegt der Fokus von Geschäftsprozessen auf der Anforderungs-Leistungs-Beziehung und weniger der Input-Output-Beziehung. Die Anforderungen werden dabei sowohl von Kunden, Lieferanten und weiteren Stakeholdern gestellt.
Geschäftsprozesse verfolgen das Ziel „die Aktivitäten eines Unternehmens auf die Erfüllung von Kundenanforderungen und die Erreichung der Geschäftsziele auszurichten."[31]
Bei der Gestaltung von Geschäftsprozessen wird in 5 Phasen differenziert:

1. Identifikation IST-Zustand

Zunächst muss ein Überblick darüber geschaffen werden, wie ein Geschäftsprozess aufgebaut ist und welche Schnittstellen dieser einschließt.
Eine vermeintlich selbstverständliche Vorgehensweise ist die End-to-End-Betrachtung des gesamten Geschäftsprozesses. Meist kennen Beteiligte nur ihren eigenen Prozessabschnitt ohne Wissen über vorausgehende oder nachgelagerte Prozesse.[32]

---

[29] Vgl. Deutsche Gesellschaft für Personalführung (2016), S. 15
[30] Dreber, Müller (2021), S. 11
[31] Schmelzer, Sesselmann (2008), S.65
[32] Vgl. Dreber (2021), S.54

2. Analyse IST-Zustand

Für die IST-Analyse stehen diverse Instrumente und Methoden zur Verfügung. An dieser Stelle wird der Fokus auf die Potenzialanalyse und das Benchmarking gelegt. Erstere Methodik verfolgt das Ziel, „Chancen und Risiken eines Unternehmens rechtzeitig zu erkennen"[33], wobei eine möglichst objektive Betrachtung von Nöten ist. Mithilfe dieses Schrittes kann identifiziert werden, ob sich Prozesse an bestimmten Stellen beschleunigen/verkürzen lassen, wo Schnittstellen ggf. minimiert werden können und wo Potenzial in Bezug auf die Qualität liegt. Hierfür besonders geeignet ist die Betrachtung der Wertschöpfungskette nach dem Konzept von Michael Porter.[34]

Porter stuft „alle miteinander zusammenhängenden Aktivitäten, die zur Herstellung eines Produkts oder einer Dienstleistung erbracht werden, als Glieder einer komplexen Kette"[35] ein. Dabei stellt jede Aktivität einen Kostenfaktor dar und leistet zugleich einen Beitrag zum Wert des Endproduktes. Um die Differenz zwischen Kosten und Ertrag zu maximieren, bedarf es laut Porter der intensiven Betrachtung aller Kettenglieder in Bezug auf die Wettbewerbsfähigkeit.[36]

Auch das Benchmarking strebt die stetige Verbesserung des Unternehmens an, indem die Prozesse und Produkte mit denen der Wettbewerber verglichen werden. „Die dabei ermittelten Leistungsunterschiede zeigen das Verbesserungspotenzial auf, das im Unternehmen gehoben werden kann."[37]

Es wird in drei Formen des Benchmarking unterschieden[38]:

Internes Benchmarking

Hierbei werden die verschiedenen Abteilungen oder unterschiedlichen Standorte des Unternehmens miteinander verglichen (z.B. mehrere Filialen einer Bank).

Wettbewerbsorientiertes Benchmarking

Das wettbewerbsorientierte Benchmarking ermöglicht einen Vergleich innerhalb der Branche (am Beispiel des Bankwesens: Der Vergleich mit anderen Bankenfirmen).

Funktionales Benchmarking

Das funktionale Benchmarking ermöglicht dem Unternehmen neue Ansätze aus branchenfremden Bereichen einzubringen.[39] In Bezug auf das Bankunternehmen kann

---

[33] Dreber (2021), S. 57
[34] Vgl. Dreber (2021), S. 57
[35] Russell-Walling (2011), S. 188
[36] Vgl. Russell-Walling (2011), S. 188
[37] Deitl (2021)
[38] Vgl. Dreber (2021), S. 58
[39] Vgl. Deitl (2021)

das Einbringen von Marketingmaßnahmen eines Supermarktes als Beispiel genannt werden.

3. Modellierung SOLL-Zustand

Hierbei geht es um die Gestaltung dessen, wie der Prozess im Idealfall auszusehen hat. Die Definition der Soll-Prozesse sollte dabei „einerseits innovativ und gleichzeitig realistisch erfolgen."[40] Hierbei können externe Berater herangezogen werden, um weitere Möglichkeiten zu betrachten, die bspw. aus den technischen Entwicklungen hervorgehen.[41]

Wichtig ist hierbei insbesondere, dass die Geschäftsziele nicht aus dem Fokus geraten und Schnittstellen zu vor- und nachgelagerten Prozessen ungehindert ablaufen können.[42]

4. Implementierung

Die Implementierung meint die Umsetzung und Etablierung des Soll-Prozesses durch organisatorische Maßnahmen.

Um nicht Gefahr zu laufen, dass die Einführung des neuen Prozesses aufgrund fehlender Vorbereitung oder schlechter Planung scheitert, bedarf es einer gut durchdachten Vorarbeit und einem geeigneten Change-Management.

„Wichtig ist, dass eine Implementierung erst dann erfolgt, wenn man von einem relativ stabilen Prozess ausgeht, der nur noch nachjustiert werden, jedoch nicht sofort komplett wieder verändert werden muss."[43]

5. Controlling

Das Controlling bietet Unternehmen die Möglichkeit, Erfolge bzw. Ergebnisse der neuen Prozesse mithilfe definierter Kennzahlen messbar zu machen und zu steuern.[44] Dabei dient das Controlling nicht ausschließlich der Kontrolle der Erfolge, sondern insbesondere der Weiterentwicklung des Unternehmens. So können Erkenntnisse des Erfolgscontrollings Aufschluss darüber geben, wie die Kundenzufriedenheit verbessert werden kann.

Zur Durchführung des Erfolgscontrollings bietet sich in den meisten Fällen das Konzept der Balanced Scorecard (kurz: BSC) an, die i.d.R. in vier Bereiche aufgeteilt ist:

[40] Dreber (2021), S. 59
[41] Vgl. Dreber (2021), S. 59
[42] Vgl. ebenda, S. 53
[43] Dreber (2021), S. 59
[44] Vgl. Dreber (2021), S. 53

Finanzen, Kunden, Prozesse und Potenziale. Dabei geht aus der BSC schnell hervor, welche Ziele das Unternehmen sich in den jeweiligen Bereichen setzt. [45]

Um die Unterschiede von klassischen und digitalen Geschäftsprozessen aufzuzeigen, folgt eine detaillierte Betrachtung folgender Merkmale[46]:

- Mobile / Ortsunabhängige Verfügbarkeit
- Transparenz
- Geschwindigkeit
- Automatisierung
- Veränderungsdynamik aufgrund zunehmender Kombinatorik
- Fließende Übergänge zwischen unterschiedlichen Akteuren

Mobile / Ortsunabhängige Verfügbarkeit

Daten lassen sich mithilfe mobiler Endgeräte von überall und zu jeder Zeit abrufen, sodass keine geographische Gebundenheit gegeben ist. Geschäftsprozesse lassen sich zeit- und ortsunabhängig steuern und das ist der springende Punkt: „Die Digitalisierung braucht dezentrale Strukturen."[47] Ein besonderer Vorteil ist die daraus resultierende Flexibilität. Sowohl in Bezug auf die Mitarbeiter, die aufgrund der Ortsunabhängigkeit neue Arbeitsformen, z.B. Homeoffice, nutzen können als auch hinsichtlich der Standortbestimmung von Unternehmen. Die Digitalisierung bietet hierzu Möglichkeiten Standorte in andere Regionen/Länder zu verlegen oder die Internationalisierung ins Auge zu fassen.[48] Zur Ausführung von analogen Geschäftsprozessen bedarf es wiederum stets der physischen Anwesenheit vor Ort.[49]

Transparenz

Die Etablierung von digitalen Prozessen und Workflows bedarf der Festlegung von Schnittstellen und Verantwortlichkeiten, um die Steuerung und Qualitätssicherung zu optimieren. „Bei abteilungs- oder gar unternehmensübergreifenden Prozessen geht schnell die Übersicht über die jeweiligen Verantwortlichkeiten verloren."[50]

Digitale Prozesse zeichnen sich durch eine hohe Transparenz aus. So kann bspw. im Rahmen einer Onlinebestellung mithilfe der IT-Systeme genau nachvollzogen werden, an welcher Stelle des Bestellprozesses das Produkt und damit die Verantwortlichkeit

---

[45] Vgl. Dreber, S. 60
[46] Vgl. Dreber, Müller (2021), S. 21
[47] Steinbach (2018)
[48] Vgl. Dreber, Müller (2021), S.21
[49] Vgl. ebenda, S. 30
[50] Dreber, Müller (2021), S. 22

innerhalb des Workflows liegt. Auf den Begriff Workflow wird an späterer Stelle näher eingegangen.

Geschwindigkeit

Wie eingangs bereits erwähnt handelt es sich bei der Digitalisierung um einen rasant fortschreitenden Wandel, der agiles Handeln und schnelles Umdenken fordert. Die Art und Weise, wie die digitalen Prozesse ablaufen und wie schnell Daten/Services verfügbar gemacht werden können, ist von enormer Geschwindigkeit geprägt. IT-Systeme oder Maschinen verfügen nicht über einen Biorhythmus und können demzufolge ununterbrochen und ohne Qualitätseinbuße produktiv sein. Aber auch das Abrufen von Daten aus riesigen Datenbanken passiert binnen Sekunden, wofür ein Mensch vergleichsweise viel mehr Zeit benötigen würde. Auch die Fehlerquote ist bei IT-Systemen/Maschinen wesentlich geringer. Diese Aspekte bringen eine große Zeitersparnis mit sich.

Automatisierung

Digitale Prozesse gehen mit der Automatisierung von Prozessschritten oder ganzen Geschäftsprozessketten einher. So lassen sich bspw. Rechnungsdurchläufe oder das Etikettieren von Kartons zu großen Teilen oder sogar vollständig ohne das Mitwirken von menschlicher Arbeitskraft vollzogen werden. Der Punkt Automatisierung vereint die Merkmale Transparenz, Geschwindigkeit und ortsunabhängige Nutzung und bringt in alle Richtungen eine enorme Effizienzsteigerung und Kostensenkung mit sich.

Veränderungsdynamik aufgrund zunehmender Kombinatorik

„Aus den immer differenzierter und schnelllebiger werdenden Produkten resultiert für sämtliche Geschäftsprozesse ein entsprechender Handlungsbedarf."[51] Systeme lassen sich wesentlich schneller nach dem Baukastenprinzip konfigurieren als noch vor ein paar Jahren. Und auch die Fertigungsmaschinen können flexibel auf die stetig kürzer werdenden Lebenszyklen von Produkten angepasst werden.

Die Kombinatorik meint außerdem die Dynamik der Prozesse selbst, die aus der Weiterentwicklung der technischen Möglichkeiten resultieren. Die Veränderungsdynamik der Technologien reißt nicht ab, Computer lernen mithilfe künstlicher Intelligenz dazu und entwickeln sich selbstständig weiter.[52]

Fließende Übergänge zwischen unterschiedlichen Akteuren

Die vorigen Merkmale zahlen darauf ein, dass fließende Übergänge zwischen den

---

[51] Dreber, Müller (2021), S. 25
[52] Vgl. ebenda, S. 25

unterschiedlichen Akteuren geschaffen werden können. Die Schnittstellenkommunikation wird wesentlich erleichtert, da z.B. Lieferanten dank digitaler Technologien wissen, wann neue Ware geliefert werden muss und Kunden die Produkte von überall aus und unabhängig von Öffnungszeiten bestellen können. „Die Digitalisierung ermöglicht eine weltweite Vernetzung und fördert die Diffusion von Neuerungen kultur-, länder- und sprachübergreifend."[53] Sie verändert außerdem die Möglichkeit für Unternehmen auf ihre Zielgruppen auf Basis von Prognosen durch Algorithmen adäquat zu reagieren.

Diese Punkte verdeutlichen, dass die Digitalisierung von Geschäftsprozessen diverse Vorteile mit sich bringt, die es Unternehmen ermöglicht die Prozesse zu parallelisieren und die Durchlaufzeiten zu verkürzen. Im Endeffekt führt dies wiederum zur Steigerung der Produktqualität, da Kunden diese als schnell und einfach verfügbar wahrnehmen. Und das zahlt letztlich auf die Kundenzufriedenheit ein. Aber auch die Mitarbeiterzufriedenheit profitiert durch vereinfachte Prozesse, die es den Mitarbeitern ermöglichen, sich auf die wertschöpfenden Prozessschritte, statt unproduktive Schleifen zu konzentrieren.[54]

Von großer Bedeutung in Bezug auf die Prozessdigitalisierung sind die sogenannten Workflows.

Geschäftsprozesse beschreiben, welchen Schritten es bedarf, die Geschäftsziele zu erreichen, nicht aber wie genau dies umgesetzt werden soll. „Das erfolgt durch den Workflow, der die technische Realisierung des Prozesses beinhaltet."[55]

Workflows beschreiben einen arbeitsteiligen und wiederkehrenden Geschäftsprozess und definieren dabei die „Aufgaben, Verarbeitungseinheiten sowie deren Beziehungsgeflecht innerhalb des Prozesses (...)."[56]

Damit beantwortet der Workflow Fragen wie z.B. wer muss bis wann was erledigt haben? Wo muss wer etwas ablegen und wie?[57]

Im Grunde kann ein Workflow als automatisierte Version eines Geschäftsprozesses betrachtet werden, bei der Dokumente/Informationen nach vorgegebenen Regelungen weitergegeben werden.[58] Damit liefert der Workflow eine operativ-technische Sichtweise auf Prozesse,[59] was die Möglichkeit offeriert, Geschäftsprozesse mit Workflows elektronisch zu unterstützen.

---

[53] Dreber, Müller (2021), S. 26
[54] Vgl. Dreber, Müller (2021), S.33
[55] Dreber, Müller (2021), S. 50
[56] Schewe (k.A.)
[57] Vgl. Dreber, Müller (2021), S.50
[58] Vgl. Microtool (2017)
[59] Vgl. Derbwler (2012)

„Die Möglichkeit Geschäftsprozesse durch eine Workflow-Software digital abzubilden, ergibt sich im Grunde in jeder Abteilung – egal ob Produktion, Vertrieb oder Einkauf."[60] So könnten bspw. Urlaubsanträge oder das Bewerbermanagement mithilfe entsprechender Workflow-Software elektronisch abgebildet werden.[61] Werden Geschäftsprozesse durch Workflows unterstützt ergeben sich hieraus diverse Vorteile für Unternehmen. So erhöht sich die Transparenz für alle beteiligten Schnittstellen, die Prozessqualität wird durch minimierte Fehlerquellen gesteigert, was wiederum zur Kostensenkung und Verkürzung der Durchlaufzeiten führt. Außerdem besteht dank der elektronischen Dokumentation die Möglichkeit entsprechende Reportings zu generieren.[62]

III. Aufgabe 3

Das Logistikunternehmen IntCompLog, dessen Firmensitz in Schönerstadt liegt, plant die Einführung eines Geschäftsprozessmanagements. Das 300 Mitarbeiter große Unternehmen hat bereits erste Schritte in Richtung Digitalisierung eingeleitet und ist auch in Bezug auf die Prozessoptimierung nicht untätig gewesen.

Allerdings fällt auf, dass es an einer Struktur fehlt, die eine ganzheitliche Betrachtung des Unternehmens ermöglicht.

Bevor ein Lösungsansatz bzw. eine Empfehlung für das Logistikunternehmen eruiert werden kann, welchen Handlungsbedarf es diesbezüglich gibt, sei dem besseren Verständnis halber zunächst definiert, was unter dem Begriff Geschäftsprozessmanagement zu verstehen ist.

Was ein Geschäftsprozess ist, wie er gestaltet wird und welche Ziele er verfolgt, wird in Aufgabe 2 bereits tiefergehend thematisiert. Das Geschäftsprozessmanagement (kurz GPM) meint „ein integriertes Konzept von Führung, Organisation und Controlling [...], das eine zielgerichtete Steuerung der Geschäftsprozesse ermöglicht."[63] Dabei verfolgt das GPM das Ziel, die Geschäftsprozesse des Unternehmens so zu strukturieren, dass kurz-, mittel- und langfristige Unternehmensziele erreicht werden können.[64]

Um diese gewünschten Strukturen zu erhalten, müssen zunächst die entsprechenden Rahmenbedingungen geschaffen und eine Leitlinie definiert werden.

Als Orientierung kann in diesem Fall das St. Galler-Management-Modell (kurz SGMM) herangezogen werden, welches „als ganzheitlicher Ansatz, der die Komplexität der

---

[60] Buddendick (2017)
[61] Vgl. Lempken (2021)
[62] Vgl. Lempken (2021)
[63] Schmelzer, Sesselmann (2008), S.4
[64] Vgl. Dr. Kraus & Partner (k.A.)

Unternehmensführung strukturiert und handhabbar macht",[65] gilt. Es unterstützt Unternehmen dabei, alle Bereiche und Ebenen im Blick zu behalten und legt den Fokus mehr auf eine allumfassende Betrachtung dessen, wie mehrere Bereiche im Unternehmen einander bedingen.[66]

Das Modell zeigt auf, welche Dimensionen betrachtet werden müssen. Dabei ist wichtig vorab zu erwähnen, dass diese Betrachtungsebenen nebst Abgrenzung voneinander auch in deren Verbindung und Vernetztheit miteinander zu erfassen sind.[67]

Eine dieser Dimensionen ist das normative Management, bei dem es um die Formulierung der Unternehmensvisionen- und Werte geht. Das strategische Management stellt die zweite Betrachtungsdimension dar und behandelt unter Berücksichtigung der Ausrichtung des normativen Managements die wettbewerbsrelevanten Aspekte. Das operative Management meint die „tatsächliche Umsetzung des strategischen und normativen Managements in konkreten Prozessen."[68]

Das GPM der IntCompLog sollte sich auf normativer Ebene an der Unternehmensstrategie orientieren. Die hier formulierten Ziele müssen durch entsprechende Projekte und Programme auf strategischer Ebene gestützt werden. Auf operativer Ebene wiederum sollte sich das Unternehmen die Fragen stellen, ob die Digitalisierungsmöglichkeiten sinnvoll genutzt bzw. vollständig ausgeschöpft sind und Medienbrüche erfolgreich minimiert oder gar eliminiert werden konnten.[69]

„Als Modell setzt [das SGMM] einen Bezugsrahmen, der es ermöglicht, sich mit der Komplexität und Dynamik einer Organisation aus einer Systemperspektive auseinanderzusetzen."[70]

Hat die IntCompLog sich damit befasst macht es Sinn im nächsten Schritt alle strukturellen und technischen Voraussetzungen zur Einführung des GPM zu schaffen.[71]

Das Unternehmen sollte sich daher nebst Zieldefinition mit der Festlegung von Verantwortlichkeiten und Rollenverteilung befassen.

Nachfolgende Rollen lassen sich in Bezug auf das Geschäftsprozess-management festhalten:

1. Chief Process Officer (kurz CPO)

Dem CPO obliegt die Gesamtverantwortung des Geschäftsprozessmanagements und die damit verbundene Notwendigkeit, „den Überblick über alle

---

[65] Dreber, (2021), S.14
[66] Vgl. Dreber, (2021), S.14
[67] Vgl. Schnauss (2016), Abschnitt 2.2
[68] Dreber, S.14
[69] Vgl. Dreber, S.16
[70] Schnauss (2016), Abschnitt 2.2
[71] Vgl. Bundesverwaltungsamt (2013), S3

unternehmensübergreifende[n] Geschäftsprozesse zu gewährleisten und deren kontinuierliche Weiterentwicklung zu ermöglichen."[72]

2. Prozessverantwortliche

Wie der Titel bereits verlauten lässt, trägt diese Instanz die Verantwortung für ausgewählte Prozesse des Unternehmens. Er behält die Zielerreichung im Blick, steht mit anderen Prozessbeteiligten im Austausch und ist Impulsgeber für Veränderungen.[73] Im Fall der IntCompLog bietet es sich an, die Abteilungsleiter für diese Position zu definieren, die wiederum an den CPO berichten.

3. Prozessexperte/Prozessexpertin

Diese Instanz hegt fundiertes Wissen zu Prozessdetails und ist meist auf operativer Ebene zu finden. Tendenziell können mehrere Mitarbeiter als Prozessexperte/-in in Frage kommen. Es ist allerdings hilfreich eine feste Anlaufstelle für die Modellierung und Gestaltung neuer Prozesse im Unternehmen zu definieren.

4. Prozessberater/Prozessberaterin

Ein Prozessberater nimmt eine unterstützende Rolle in Form von Schulungen in der Prozessmethodik ein, plant und führt Analysen durch und tritt häufig als Moderator in Meetings auf. Damit gibt er „keinen Input zu Inhalten der jeweiligen Prozesse, sondern unterstützt vielmehr alle anderen Mitarbeiter in ihrer jeweiligen Rolle."[74]

5. Prozesscontroller/Prozesscontrollerin

Dieser Rolle obliegt das entsprechende Reporting über die Erreichung der Prozessziele.

Als Orientierung dessen, wie die jeweiligen Aufgaben und Verantwortungsbereiche strukturiert und angesiedelt werden, bietet sich die RACI-Matrix an.
RACI ist ein Akronym aus folgenden Verantwortungsebenen bestehend:

- **R**esponsible (Ausführende/r)
- **A**ccountable (Ergebnisverantwortliche/r)
- **C**onsulted (Berater/in)
- **I**nformed (Informierende/r)[75]

---

[72] Dreber (2021), S. 41 (nach Bayer/Kühn (2013), S. 17)
[73] Vgl. Dreber (2021), S. 41 (nach Bayer/Kühn (2013), S. 17)
[74] Dreber (2021), S. 41
[75] Vgl. Dreber (2021), S.44

18

	CPO	Prozessverantwortlicher	Prozesscontroller	Prozessexperte	Prozessberater
Prozessstrategie definieren	A	A	C	C I	C
Umsetzungsplan erarbeiten	I	A R		C I	C
Dokumentation	I	A C	R		

Tabelle 1 - Beispiel RACI Matrix IntCompLog (Eigene Darstellung in Anlehnung an Dreber (2021), S. 44)

Obenstehende Tabelle zeigt ein Beispiel für eine solche RACI-Matrix anhand drei typischer Aufgaben im GPM. Es wird deutlich, dass eine Rolle mehrere Verantwortungsebenen haben kann.

Auf Basis dieser Matrix kann die IntCompLog für alle Aufgaben, die sich im Rahmen des GPM ergeben, eine klare Zuordnung von Verantwortlichkeit schaffen, auf die man sich im Rahmen der weiteren Planung stets beziehen kann.[76]

Um der IntCompLog nun eine Orientierung dessen zu geben, wie das GPM ganzheitlich etabliert werden kann, kann das „4i"-Phasenmodell nach Christ wertvolle Anhaltspunkte bzw. Aufgaben liefern, die mit dem GPM einhergehen.

Das „4i"-Phasenmodell unterteilt diese Aufgaben in vier Komponenten, die ein Unternehmen durchläuft:

1. Inkorporation
Innerhalb der ersten Phase wird eine „nachvollziehbare und kommunizierbare Prozessstrategie aufgesetzt (...), [die] eine Verbindung zwischen der vorgegebenen Unternehmensstrategie und dem geplanten Programm [schafft]."[77] Abhängig von der Unternehmensgröße kann diese Phase zwei bis vier Monate Zeit in Anspruch nehmen.

2. Initiation
In dieser Phase liegt der Fokus darauf, ein Konzept für das GPM zu erarbeiten und einen Umsetzungsplan dafür zu entwickeln, wie das Unternehmen vorgehen möchte. Außerdem sollte aus dieser Phase eine Prozesslandkarte hervorgehen, die eine vollumfängliche Darstellung der im Unternehmen vorhandenen Prozesse umfasst. Diese konzeptionelle Gestaltungsphase erstreckt sich auf ein ein- bis dreimonatiges Zeitfenster. Besonders wichtig ist hierbei, dass alle Führungskräfte in diese Phase eingebunden sind.

[76] Vgl. Dreber (2021), S.44
[77] Dreber (2021), S.47

3. Inklusion

In dieser Phase geht es darum, die Mitarbeiter in Bezug auf Prozessoptimierung und vor allem in puncto Projektmanagement zu schulen. Dies bedarf einer strukturierten Vorgehensweise zur Definition einer fachlichen und methodischen Weiterbildung der Belegschaft. Dazu gehört ebenfalls die Vorbereitung und Bereitstellung von Trainingsmaterial sowie das Angebot von begleitenden Maßnahmen, wie z.B. Zertifizierungsprogrammen. Diese Phase birgt einen hohen Organisations- und Koordinationsaufwand, weshalb sie je nach Mitarbeiteranzahl zwölf bis 24 Monate andauern kann.

4. Integration

In dieser Phase wird zum einen dokumentiert, was in den vorigen Phasen erarbeitet wurde und zum anderen wird ein Übergang vom Programmstatus in das Tagesgeschäft geschaffen. Spätestens in dieser Phase sollte gewährleistet sein, dass das GPM fester Bestandteil der Unternehmenskultur ist. Diese Phase kann zwei bis vier Wochen in Anspruch nehmen.

Mit dem „4i"-Phasenmodell steht der IntCompLog ein hilfreiches Instrument zur Verfügung, welches der Einführung und Integration eines GPM einen Rahmen gibt. Damit sichert das Modell dem GPM „einen fachlich fundierten und nachhaltigen Raum im Unternehmen (...)."[78]

---

[78] Vgl. Dreber (2021), S. 50

Literaturverzeichnis

Appelfeller, W., Feldmann, C. (2018) Die digitale Transformation des Unternehmens - Systematischer Leitfaden mit zehn Elementen zur Strukturierung und Reifegradmessung (1. Auflage). Berlin, Heidelberg: Springer Gabler.

Bayer, F., Kühn, H. (2013) Prozessmanagement für Experten. Impulse für aktuelle und wiederkehrende Themen, (1. Auflage). Berlin: Springer Gabler.

Becker, J., Mathas, C. Winkelmann, A. (2009) Geschäftsprozessmanagement (1. Auflage). Berlin Heidelberg: Springer Berlin Heidelberg.

Becker, J., Kugeler, M., Rosemann, M. (2012) Prozessmanagement - Ein Leitfaden zur prozessorientierten Organisationsgestaltung (7. Auflage). Berlin Heidelberg: Springer Berlin Heidelberg.

Deutsche Gesellschaft für Personalführung (2016), Leitfaden: Kompetenzen im digitalisierten Unternehmen. Ergebnisse aus Expertenkreisen im Rahmen eines BMWi-geförderten Forschungsprojektes, Frankfurt am Main.

Dreber, A., Müller, S. (2021) Digitale Prozesse – Grundlagen (2. Auflage). Riedlingen: SRH Fernhochschule – the mobile university. Titel-Nr. 1359-02

Dreber, A. (2021) Management digitaler Geschäftsprozesse (2. Auflage). Riedlingen: SRH Fernhochschule – the mobile university. Titel-Nr. 1360-02

Hoffmeister, C. (2017) Digital Business Modelling. Digitale Geschäftsmodelle entwickeln und strategisch verankern (2. Auflage). Carl Hanser Verlag GmbH & Co. KG

Meiffert, M. T. (2013) Strategische Personalentwicklung. Ein Programm in acht Etappen (3. Auflage). Wiesbaden: Springer Fachmedien Wiesbaden

Schmelzer, H. J., Sesselmann, W. (2008) Geschäftsprozessmanagement in der Praxis. Kunden zufriedenstellen – Produktivität steigern – Wert erhöhen (6. Auflage). München: Carl Hanser Verlag GmbH & Company KG

Internetquellenverzeichnis

Buchholz, B., Ferdinand, J.-P., Gieschen, J.-H., Seidel, U. (2017) Digitalisierung industrieller Wertschöpfung – Transformationsansätze für KMU. Zugriff am 06.12.2021. Verfügbar unter: https://www.digitale-technologien.de/DT/Redaktion/DE/Downloads/Publikation/2017-04-27_AUT%20Studie%20Wertsch%C3%B6pfungsketten.pdf?__blob=publicationFile&v=4

Buddendick, T. (2017) Was ist ein Workflow – Workflow-Management im Überblick. Zugriff am 11.01.2022. Verfügbar unter: https://www.d-velop.de/blog/prozesse-gestalten/was-ist-ein-workflow-workflow-management-im-ueberblick/

Bundesverwaltungsamt (2013) Kurzleitfaden Geschäftsprozessmanagement – Im Bundesministerium des Innern und seinen nachgeordneten Behörden (Version 1.0). Zugriff am 11.01.2022. Verfügbar unter: https://www.bva.bund.de/SharedDocs/Downloads/DE/Behoerden/Beratung/Prozessmanagement/Leitfaeden/Kurzleitfaden_GPM.pdf?__blob=publicationFile&v=1

Departement für Wirtschaft, Bildung und Forschung (2017) Herausforderungen der Digitalisierung für Bildung und Forschung in der Schweiz. Zugriff am 13.12.2021. Verfügbar unter: file:///C:/Users/saskia.burow.DE20120P/Downloads/Herausforderungen_Digitalisierung_Bildung_Forschung_Schweiz_de.pdf

Deutsche Gesellschaft für Personalführung (2016), Leitfaden: Kompetenzen im digitalisierten Unternehmen. Ergebnisse aus Expertenkreisen im Rahmen eines BMWi-geförderten Forschungsprojektes. Zugriff am 13.12.2021. Verfügbar unter: https://www.dgfp.de/fileadmin/user_upload/DGFP_e.V/Medien/Publikationen/Praxispapiere/201602_Praxispapier_Kompetenzen-im-digitalisierten-Unternehmen.pdf

Deltl, J. (2021) Benchmarking – Von den Besten lernen. Zugriff am 05.01.2022. Verfügbar unter: https://www.strategische-wettbewerbsbeobachtung.com/wiki/benchmarking/

Derbwler (2012) Prozess, Geschäftsprozess und Workflow. Zugriff am 05.01.2022. Verfügbar unter: https://derbwler.de/2012/04/prozess-geschaftsprozess-und-workflow/

Dr. Kraus & Partner. Die Change Berater (k.A.) Geschäftsprozessmanagement Definition. Zugriff am 11.01.2022. Verfügbar unter: https://www.kraus-und-partner.de/wissen-und-co/wiki/geschaeftsprozessmanagement-geschaeftsprozess-management

Ensinger, A., Fischer, P., Früh, F., Halstenbach, V., Hüsing, C. (2016) Digitale Prozesse – Begriffsabgrenzung und thematische Einordnung. Zugriff am 13.12.2021. Verfügbar unter: https://www.robertfreund.de/blog/wp-content/uploads/2016/08/Bitkom-2016-Digitale-Prozesse.pdf

Innolytics (k.A.) Was ist Digitalisierung? Zugriff am 05.12.2021. Verfügbar unter: https://www.innolytics.de/was-ist-digitalisierung/

IHK München und Oberbayern (k.A.) Digitale Kompetenzen im Unternehmen aufbauen. Zugriff am 12.12.2021. Verfügbar unter: https://www.ihk-muenchen.de/de/Service/Fachkräftesicherung/Digitale-Kompetenzen/

Lempken, J. (2021) Reisekosten App: Digitales Expense Management leicht gemacht. Zugriff am 05.01.2022. Verfügbar unter: https://www.d-velop.de/blog/software-erleben/reisekosten-app/

Microtool (k.A.) Workflows. Automatisiert Effizienz und Qualität schaffen. Zugriff am 05.01.2022. Verfügbar unter: https://www.microtool.de/wissen-online/was-sind-workflows/

Prasse, C., Tüllmann, C., Sagner, D., Piastowski, H. (2016), Prozesse durch Digitalisierung nachhaltig optimieren. Zugriff am 06.12.2021. Verfügbar unter: https://www.innovationslabor-logistik.de/wp-content/uploads/2017/06/prozesse_optimieren_151216.pdf

Schewe, G. (k.A.) Definition Workflow. Zugriff am 05.01.2022. Verfügbar unter: https://wirtschaftslexikon.gabler.de/definition/workflow-48807

Schnauss, Dr. Martin (2016) Entwicklung der SOLL-Konfiguration einer Ausbildungseinheit im Wandel vom Wissensanbieter zum Wissensmanager. Abschnitt 2.2 Problemrelevante Grundlagen des St. Galler Management-Modells. Zugriff am 11.01.2022. Verfügbar unter: https://sgbs.ch/publication/entwicklung-der-soll-konfiguration-einer-ausbildungseinheit-im-wandel-vom-wissensanbieter-zum-wissensmanager/2-2-problemrelevante-grundlagen-des-st-galler-management-modells (Diplomarbeit)

Steinbach, A. (2018) Neue Aufgaben für die Zentrale der Zukunft. Zugriff am 05.12.2021. Verfügbar unter: https://www.springerprofessional.de/unternehmensprozesse/transformation/das-grosse-fragezeichen-hinter-der-zukunft-von-unternehmenszentr/16109730